Die Frau an der Jahrhundertwende

Dichtung
von

Elisabeth Bouneß

Zu Elisabeth Bouneß

Elisabeth Bouneß (auch Bouness oder Bonnes; 19. Dezember 1862 – 7. Dezember 1911) wurde in Breslau unehelich und heimlich geboren und verlebte ihre Kindheit unter falscher Identität in einem schlesischen Bergdorf. Obwohl aus ärmlichen Verhältnissen stammend, schloss Bouneß 1883 ein Lehrerinnenseminar ab, das üblicherweise Bürgerstöchtern vorbehalten war. An evangelischen Volksschulen unterrichtete Bouneß jahrzehntelang u. a. Religion und Gesang. Nebenbei schrieb sie – zunächst unter dem Pseudonym Elisabeth Michael – romantisch-todessehnsüchtige Lyrik und inszenierte Sagen- und Märchenstoffe. Zerrissen zwischen Berufstätigkeit und dem Wunsch nach Mutterschaft, der das sogenannte Lehrerinnenzölibat entgegenstand, schrieb Bouneß zunächst komödiantische, frauenrechtlerische Theaterstücke, später patriarchatskritische Tendenzromane und schließlich – unter dem Pseudonym Ruth Bré – radikale Kampfschriften, in denen sie die natürlichen Frauen- und Mutterrechte zurückforderte. Polarisierende Schriften, deren Wirkung bis weit ins 20. Jahrhundert reichte.

Die Frau an der Jahrhundertwende ist eine Lektion in Frauengeschichte, ein frühes Kostümspiel Bouneß', das mit Erfolg, u. a. bei Festlichkeiten des Provinzial-Lehrerinnen-Vereins Breslau, aufgeführt wurde.

Die Frau an der Jahrhundertwende

Dichtung
von

Elisabeth Bouneß

Herausgegeben von Julia Polzin

Bibliografische Information der Deutschen Nationalbibliothek: Die Deutsche Nationalbibliothek verzeichnet diese Publikation in der Deutschen Nationalbibliografie; detaillierte bibliografische Daten sind im Internet über dnb.dnb.de abrufbar.

Herstellung und Verlag: BoD - Books on Demand, Norderstedt

ISBN 978-3-7448-7779-4

Editorische Notiz

Diese ungekürzte Ausgabe entspricht der originalen Erstausgabe von 1900, die im Erich Peterson Zeitungsverlag in Breslau erschienen ist.

Die ursprüngliche Schreibweise und Zeichensetzung wurden bewusst beibehalten.

Personen.

Das 19. Jahrhundert.
(Graues Gewand, grauer, langer Schleier, graues Haar, goldner Reif oder Krone mit Goldstern und der Zahl 19. – Goldenes Scepter.)

Das 20. Jahrhundert.
(Weißes Gewand, weißer Schleier, Rosenkranz mit Goldstern und der Zahl 20.)

Lotte.
(Tracht nach 1800, ähnlich der Königin Luise.)

Ferdinande von Schmettau.
(Tracht der Zeit der Befreiungskriege. Langes, blondes, offenes Haar.)

Jungfer Röse.
(Tracht der 50er Jahre, Krinoline, langes Umschlagetuch oder Mantille.)

Die Gevatterin.
(Schneppentaille. – Pompadour, bezw. Marktkorb.)

Arbeiterin.
(Arbeitsanzug, Blouse, große Schürze.)

Lehrerin.

Studentin.
(Kappe und Band oder Schärpe. Gesetzbuch in der Hand.)

***

Das 19. Jahrhundert tritt auf. Graues Gewand, grauer Schleier, graues Haar.
Krone oder Reif mit goldenem Stern und der Zahl 19. – Goldenes Scepter.

Das alte Jahrhundert:

Die Zeit ist um. – Nur wenig Stunden noch,
Und meine Macht und Herrschaft ist zu Ende.
Grau ist mein Haar, die Stirne ist gefurcht,
Und schwach und schwächer werden meine Hände.
Noch halten sie das Scepter zwar, doch bald
Heißt es, dem neuen Ankömmlinge weichen
Und Kron' und Stab, der Herrschaft stolze Zier,
Dem 20. Jahrhundert überreichen.

In letzter Stunde, – ja, da kehrt man ein
Ins tieffste Inn're und stellt sich die Frage:
Thatst du wohl deine Pflicht? Hast du erfüllt,
Was deine Zeit gehofft von jedem Tage?
Hast am Webstuhl der Zeit du treu geschafft,
Hast du gewirkt ein gutes, wack'res Stück?
Hast du die Menschheit angespornt zur That,
Und hast du sie geführt zu wahrem Glück?

Ich gab mir Mühe, muß darauf ich sagen;
Ich gab mir Mühe, all' dies zu vollbringen,
Und nicht gesparter Eifer trägt die Schuld,
Wollt' es nicht immer mir nach Wunsch gelingen.
Und blieb noch manche Hoffnung unerfüllt,
Wenn heut' Ihr scheidet von dem Freund dem alten,
Die Spitzen zu erklimmen unentwegt,
Ist hoffentlich dem neuen vorbehalten.

Ich wies dem Menschengeiste neue Bahnen,
Ich riß ihn los vom alten, toten Kreis,
Zur Wirklichkeit ward da manch' zages Ahnen
Und greifbar durch geschickter Hände Fleiß.
Erfindung reihte stolz sich an Erfindung,
Der „Funke" trug sie durch die ganze Welt,
Und noch ist Menschenforschen nicht am Ende,
Noch liegt vor ihm ein unermess'nes Feld.

Strahlt' meine Liebe und mein wachsam Auge
Auch über j e d e s staubgeborne Wesen,
So hab ich unter ihnen doch vor allen
Mir e i n Geschöpf zu bilden auserlesen.

Ein Wesen gab's als ich zur Herrschaft kam,
Das war ein Dinglein wohl von Fleisch und Blut,
Doch hat' es keine eigne, klare Seele,
Kein Denken, Wollen, – keinen eignen Mut.
Das F ü h l e n nur war tiefer ausgebildet

Und Ihm, dem „Herrlichsten" allein geweiht
In müß'gem Träumen, seligem Verhimmeln
Des „allerhöchsten Sterns der Herrlichkeit."

Was unter solchem „Sterne" man verstand,
Wird heutzutage schlechtweg „Mann" genannt.
Und jenes in Gefühl zerfoss'ne Wesen:
Es ist die „Frau", wie damals sie gewesen.

Steig' auf, du Bild, in meinen letzten Stunden,
So wie ich einstmals dich zuerst gefunden.

Lotte:

Er, der Herrlichste von allen,
Wie so milde, wie so gut!
Holde Lippen, klares Auge,
Heller Sinn und fester Mut.
So wie dort in blauer Tiefe,
Hell und herrlich, jener Stern,
Also er an meinem Himmel,
Hell und herrlich, hoch und fern.

Wandle, wandle deine Bahnen;
Nur betrachten deinen Schein,
Nur in Demut ihn betrachten,
Selig nur und traurig sein!

Höre nicht mein stilles Beten,
Deinem Glücke nur geweiht;
Darffst mich niedre Magd nicht kennen,
Hoher Stern der Herrlichkeit!

Nur die Würdigste von allen
Soll beglücken deine Wahl,
Und ich will die Hohe segnen,
Segnen viele tausend Mal.

Will mich freuen dann und weinen,
Selig, selig bin ich dann.
Sollte mir das Herz auch brechen,
Brich, o Herz, was liegt daran.   (ab.)

Das alte Jahrhundert:

So konnt's nicht bleiben; das war sonnenklar!
Was sollte ich mit den zerbrochnen Herzen,
Mit all der thränenreichen Seligkeit
Und den in Demut ganz ertränkten Schmerzen?
Ich brauchte F r a u e n für mein künftig Werk,
Mitkämpferinnen in dem Streit ums Rechte,
Genossinnen der Männer großer Zeit,
Nicht schwache Sklavinnen noch schwäch'rer Knechte.
Ich brauchte M ü t t e r für die künftigen Helden
Des Geistes und des Schwertes, kühn und stark.
Wie soll das junge Reis zum Baume ziehen,
Was selbst ein H a l m ist ohne Kraft und Mark?

Ich schüttelte die traumverlorne Maid,
Daß weit sie öffnete die scheuen Augen.
„Sag, willst du schwärmen denn in Ewigkeit?
Willst niemals du zu ernstem Werke taugen?
Bist du denn kein vernunftbegabtes Wesen?
Gab dir der Schöpfer keine eigne Seele?
Empfingst du Geist denn nicht von seinem Geist,
Daß sich dein Denken und dein Wollen stähle?"
Und schon nahm das Geschick in seine Hand
Die Wandlung der so jäh dem Traum Entriss'nen.

Gewalt'ge Stürme brausten durch das Land
Und drohten Untergang dem ganz Zerriss'nen.
Ein fremder Herrscher setzte seinen Fuß
Dem Deutschen auf den tiefgebeugten Nacken,
Da quoll es in des Volkes Herzen auf,
Es ballte sich die Faust, den Feind zu packen.

Der König rief, und alle, alle kamen;
Nicht nur allein die schwertgewohnte Hand
Fand sich bereit; – nein, auch viel tausend Mannen,
Die sonst umhüllt des Friedens licht' Gewand.
Voran der Dichter mit der goldnen Leier,
Ihm nach die Jugend, froh und kampfgemut,
Dann ernster Männer todgeweihte Scharen,
Dem Vaterland zu geben Gut und Blut.

Da bist auch du, du deutsche Frau erwacht,
Da schautest du um dich mit hellen Blicken,
Ein Schrei befreite die beengte Brust
Vom letzten Rest, der sie noch wollt' bedrücken.
Du stürmtest vorwärts, von Begeist'rung voll
Und stelltest dich den Helden an die Seite.
Nicht als Gesellin tändelnder Begier,
Nein, – als Genossin in dem heil'gen Streite.
Für's Vaterland erhobst auch du die Hand,

Zwar nicht bestimmt die blanke Wehr zu tragen,
Doch mit der Binde und dem heil'gen Kreuz,
Die Wunden heilend, die der Krieg geschlagen.

Dein Schutzgeist, die verklärte Königin,
Sie schwebte über dir, du deutsche Fraue,
Sie wies den Weg dir mit dem frommen Sinn
Und mahnte deine Seele: Gott vertraue!

Und was dein eigen war an Geld und Gut,
Auch du hast's deinem Könige gegeben;
Nichts hatte Wert in jener schweren Zeit,
Als Gott und König, Vaterland und Leben.

Mein Liebling, du im langen, weichen Haar,
So arm und stolz, – du edle Ferdinande
Von Schmettau, – schwer fürwahr wiegt deine Gabe,
Die du gebracht dem teuren Vaterlande.

Komm noch einmal zu mir und laß dich schauen,
Rührende Heldin unter Deutschlands Frauen.

Ferdinande von Schmettau:

O höret, höret den Hilferuf,
Wie durch das jammernde Land er gellt!
Unsere Helden wollen zum Kampf hinaus,
Zu schützen die Heimat und Herd und Haus,
Und der König braucht Waffen,
Und der König braucht Geld!

An alle Paläste klopfen wir an,
An jedes Hüttlein, noch so klein!
Es giebt der aller-armseligste Mann,
Und wär's ein winziges Scherfelein.
Es giebt die Gattin, es giebt die Braut
Ihr herzallerliebstes Ringlein traut,
Nur ich allein
Habe nicht Gold, nicht Edelgestein,
Habe nichts meinem König zu geben,
Als mein armes, junges Leben!

Wär wirklich ich aller Schätze bar?
Glänzt nicht wie Gold mein seidenweich H a a r ,
Wenn es wie ein Mantel umwallt
Meine ganze Gestalt?
N i e wär es mir feil!
Aber meinem König zum Heil
Bring' ich es freudig zum Opfer dar
Auf des Vaterlandes Altar.
Mit deutschem Sinn

Gebe mein ganzes Gut ich hin!
Schling' es ein schützend Band
Um König und Vaterland!
(ab.)

Das alte Jahrhundert:

Geendet der blutige, heilige Krieg,
Errungen der große, göttliche Sieg.
Und Friedensgeläute in allen Thoren
Und heimgekehrt mancher, der fast verloren,
In die Scheide versenkt die blutigen Waffen,
Um wieder am Friedenswerke zu schaffen.

So schwanden die Jahre, – manch Haupt ward grau,
Wie aber erging es der deutschen Frau?

Sie hatte dem Weltgeist ins Auge geschaut,
Sie hatte die eigene Kraft gefühlt,
Sie war sich des eigenen Werts bewußt,
Vorbei war die Zeit, da mit ihr man gespielt
Und sie wie ein willenloses Püppchen gehalten,
Das heute man streichelt und morgen schlägt,
Das seinem Herrn demütig ergeben
Und dankbar noch seine Launen erträgt.

Die Frauen, die jene Gefahren geteilt
Und heilige Wunden lindernd geheilt,
Die bilden ein neues, starkes Geschlecht
Und kämpfen um Würde und gleiches Recht.

Hart war der Kampf und das Ziel so fern,
Denn natürlich zeigte man ihnen den Herrn,
Versuchte es wieder, sie einzuspannen,
Denn es ist dem Manne ja so bequem,
Sich bedingungslos angebetet zu sehn.
Man that, als habe die wackre Frau
Niemals die große Zeit gesehen,
Als sei sie wieder ein willenlos Ding,
Das sein Denken erst vom Manne empfing.

Die eine fügte sich willig ins Joch,
Die andre knirschend, aber schließlich doch.
Die Dritte blieb sich selber getreu
Und beugte sich keiner Tyrannei.
Sie ward beleidigt, verhöhnt, verlacht,
Zur Zielscheibe jeglichen Spottes gemacht,
Wenn die „alte Jungfer", wie man sie hieß,
Sich auf der Straße nur sehen ließ.
Und da die Menschen sie nicht verstanden,
In Dummheit und Roheit sie oft gekränkt,

11

So hat sie ihr Herz an die lieblichen Blumen
Und an die dankbaren Tiere gehängt.
Die wählte sie zu ihren Genossen,
Gab ihnen Pflege und Liebe dazu,
Und solch ein saubres Altjungfernstübchen
War meist ein Bild der freundlichsten Ruh'.

Hier schrie kein böser, vorlauter Bube,
Hier fluchte kein Mann in sinnloser Wut,
Hier war die Stille, hier war der Frieden,
Hier war die Ruh', – und die Ruhe war gut.

W a r alles so gut? – Gewiß und wahrhaftig?
Hat nie man die alte Jungfer gesehen
Mit gefalteten Händen und suchenden Augen,
Mit verlorenem Blick am Fenster stehn?
Wenn sie im alten Büchlein gelesen
Von großen Zeiten die große Mär,
Ist es da nicht manchmal gewesen,
Als entstieg ihrer Brust ein Seufzer schwer?
Sehnt sie sich nach vergang'nen Tagen,
Wünscht sie zurück das Kriegsgetümmel?
Oder – bereut sie ihr freies Entsagen,
Scheint ihr der G a t t i n Los der Himmel?

Wer hat das bessere Los gezogen?
Wer ist glücklicher von den beiden?
Oder sind beide unzufrieden?
Sollte die eine die andere beneiden?

Öffne dich, grauer Zeiten Thor:
Tretet beide noch einmal hervor!

Jungfer Röse und die Gevatterin:

Jungfer Röse:

Frau Gevatt'rin, Gott zum Gruß!
Sagt, wohin denn gar so eilig?

Gevatterin:

Jungfer Röse, ach, Ihr seid's!
Gern ein Augenblickchen weil' ich.

Röse:

Sagt, wie geht's?

Gevatterin:

Sagt, wie steht's?

Röse:

Danke schön!

Gevatterin:

Wie soll's gehn?
Sieben Kinder satt zu machen
Und den Mann noch obendrein:
Da gibt's wahrlich nichts zu lachen!
Seht: da kauft' ich eben ein!
(Stellt den Korb hin.)

Jungfer Röse, Ihr habt's gut!
Ihr könnt in der Stube sitzen,
Ich muß in der Küche schwitzen,
Kochen, backen, braten, schmoren,
Heiß die Wangen, rot die Ohren,
Daß das Essen fertig ist,
Eh' der Mann zu Hause ist.

Abends muß ich Strümpfe stricken,
Für die Jungen Hosen flicken,
Für die Mädel waschen, plätten,
Ach, oft kann ich kaum mich retten
Vor der Arbeit! – Und darob
Ist zuletzt der Mann noch grob.

Denn da möcht ich ihn bedienen,
Schauen stets nach seinen Mienen,
Was er etwa wünschen möchte,
Oder was er etwa d ä c h t e !
Und da muß ich auch schon springen
Und ihm das Gewünschte bringen.

Essen will er gute Bissen,
Trinken auch 'nen guten Tropfen,
Rauchen muß er selbstverständlich,
Ich muß ihm die Pfeife stopfen.

Brauch' ich aber etwa Geld –
Kaum getrau' ich mich's zu sagen! –
Jungfer Röse, laßt Euch fragen:
Bin ich dazu auf der Welt?

Jungfer Röse:

Frau Gevatt'rin, Ihr habt's schwer!
Wahrlich, ich beklag Euch sehr.
Da bin ich noch besser dran,
Brauch' mich beugen keinem Mann.

Gevatterin:

Jungfer Röse, ach verzeiht:
Warum habt Ihr nicht gefreit?

Jungfer Röse: (langsam.)

Konnte niemals einen lieben.
Bin drum alte Jungfer geblieben!
(Kleine Pause.)

(Sinnend)
Ja, hätt' ich d e n Mann gefunden,
Der die F r a u in mir geachtet,
Der mich als ein gleiches Wesen,
Als Gefährtin hätt' betrachtet,
Der mich hochgehalten hätte
Als die Mutter seiner Töchter,
Als Erzieherin der Söhne,
Junger, künftiger Geschlechter:
Dann hätt' ich ohn' langes Zaudern
Meine Hand gelegt in seine,
Daß Vertrauen uns und Liebe
Bis zum Tode fest vereine!

Still ist's oft in meinem Stübchen,
Wenn der Hans und Bussi schweigen,
Wenn im Winter dichter Schnee liegt
Und die Tage früh sich neigen,
Wenn beim Nachbar hell erstrahlen
Hundert goldne Christbaumkerzen,
Wenn die Stimmchen froh erklingen
Und es jubeln Kinderherzen.

Seht: da wünscht' ich mir nur e i n e
Winz'ge, kleine Menschenseele,
Daß ich freudig ihr bescheere
Und vom Christkind ihr erzähle,
Daß ich ihr die Liebe gebe,
Die ich tief im Herzen trage,
Die bei mir noch nicht erstickt ist
Von des Lebens Müh' und Plage,
Die noch keine rohe Hand mir
Aus der Seele hat gerissen,

Wenn ich auch von Spott und Hohne
Manches habe leiden müssen. –
Schätze, die I h r nicht recht a c h t e t ,
Gäben meinem Dasein Zweck. –
So ist's leer und unbefriedigt:
Nichts täuscht mich darüber weg.
(Kleine Pause.)

Ohne rechte Arbeit träum' ich
Gern mich in die alte Zeit,
Lasse vor mir auferstehen
Bilder der Vergangenheit.
Tapf're Männer, wackre Frauen,
Ach, wie neid ich Euer Glück!
Wäre mir, wie Euch, beschieden
Doch ein inhaltreich Geschick!

Aber so: seht, Frau, Gevatt'rin,
Was ist Tag für Tag mein Los?
Hören wie die Nachbarn klatschen,
Sehen, wie die Buben raufen,
Hier mal wo ein Kaffeekränzchen
Oder dort vielleicht ein Taufen.
Wenn ich so erwach' am Morgen,
Nichts zu denken, nichts zu sorgen,
Als für meine lieben Tierchen, –
Denn mein Haushalt geht am Schnürchen! –
Keine Not um's leid'ge Geld. –
Frau Gevatt'rin, wollt mir sagen,
Bin ich dazu auf der Welt?

Gevatterin:

Jungfer Röse, meiner Güte!
Und da seid Ihr unzufrieden?
Ach, wie glücklich wär' ich Arme,
Wär' mir Euer Los beschieden!

Röse:

Aber liebe Frau Gevatt'rin,
Seht, es war doch Euer W i l l e ,
Daß Ihr Euren Mann genommen,
Träumtet G l ü c k Euch doch in Fülle.

Gevatterin:

Hätt' ich Euer G e l d besessen,
N i e hätt' ich 'nen Mann genommen.

Aber seht: ein armes Mädel
Sucht doch halt ein Unterkommen.

Röse:

D a r u m nur habt Ihr gefreit,
Wurdet Gattin Ihr und Mutter?

Gevatterin:

Nun natürlich? Weshalb sonst denn?

Röse:

Arme Frau, Ihr thut mir leid.

Gevatterin:

Jungfer Röse – jemine!
Da schlägt's elfe! – Meine Zeit!
(nimmt den Korb.)
Lebt recht wohl! – da muß ich laufen.
Ach, hätt' niemals ich gefreit!
(ab.)

Röse:

Deutsche Frau, wann wird dir tagen
Deiner Freiheit Morgenrot?
Wann wirst du es endlich wagen
Zu entwinden dich der Not?
Zu brechen die Ketten
Und dich zu retten
Aus schmählichen Banden
Und deiner Seele schimpflichem Tod?

So die erste Hand erfassen,
Die den Kaufpreis prompt erlegt,
Mannes-Herrschaft überlassen,
Wenn sich nichts im Herzen regt, –

Ist's nicht zu wenden,
Die Schmach nicht zu enden?
Wer weiß das Mittel,
Wer zeigt uns den erlösenden Weg?
(ab.)

Das alte Jahrhundert:

Dir soll geholfen werden,
Ich bau' Dir Brück' und Steg!
B e f r e i u n g ist das Mittel,
Die A r b e i t ist der Weg!
Die soll dich hoch erheben
Aus harter Tyrannei,
Die Arbeit ist das Leben,
Die Arbeit macht dich frei.

Nicht jeder mag erleben
Ein großes Weltgeschick; –
Am Friedenswerke weben,
Auch das bedeutet Glück!
G l ü c k ! Den Begriff zu wandeln,
Sei fortan mein Bemüh'n,
Zu einem n e u e n Glücke
Muß ich die Frau erzieh'n.

Sonst pflegte sie zu warten,
Daß es der Z u f a l l bringe;
Gar manche hat gewartet
Ihr Leben lang der Dinge.
Jetzt heißt es: A u s   D i r   s e l b e r
Mußt du dir Glück gewinnen!
Auf, rühre deine Glieder
Zu mutigem Beginnen!

Und nennen sie u n w e i b l i c h
Dein Thun, die blöden Thoren,
So wisse denn: Es s t i r b t nicht
D a s   W e i b ! – **Es wird geboren!**
Bis jetzt ließ man es denken
Nur mit des Mann's Gedanken,
Heut erst tritt kampfesmutig
Es selber in die Schranken.

Nicht länger will es tragen
Die aufgezwung'ne Pein,
Es will nun endlich wagen,
Auch wirklich F r a u zu sein.

Zuerst griff zu der Arbeit
Des Volkes tapfres Kind,
Es war für die Bedrängnis
Des Weibes nimmer blind.
Die eine nahm den Spaten,
Die andre griff zur Nadel,
Gleichviel woran sie schaffen:
Die Arbeit gibt den Adel. –
Drauf folgten jene Tapfren

17

Voll geistigem Bestreben,
Auch sie begehrten ferner,
Ihr eignes Sein zu leben. –
Zuerst nahm man nicht ernsthaft
Das „schwächliche Geschlecht,"
Dann aber, ach, entbrannte
Der bitt're Kampf ums Recht.
Vom Manne angefeindet,
Den Brotneid jäh erfaßt,
Vom Staat noch kaum geschützet,
Vom Unverstand gehaßt,
Nicht selten auch befehdet
Vom eigenen Geschlecht,
War's ein verzweifelt Kämpfen
Um Freiheit, Ehr' und Recht.

War's so ein heißes Ringen
Im heil'gen, deutschen Land,
Erhob das Haupt schon kühner
Die Frau an Albions Strand.
Und über's Weltmeer hallte
Ein Zuruf, hell und klar,
Amerika vor allem
Weit, weit voraus schon war.
Auch Schwedens blonde Frauen,
Die Schweiz und Österreich,
Sie kämpften und sie strebten
Den deutschen Frauen gleich.

Noch ist er lange nicht vollendet,
Der stolze, der herrliche Freiheitsbau.
Und was ich heute der Nachwelt verlasse,
Es ist nur erst d i e   w e r d e n d e   F r a u.

Und doch, – ich hab nicht umsonst gerungen,
Gut Weile will ja ein jedes Ding.
Kommt, schart Euch um mich, Ihr lieben Gestalten,
Die ich mit ganzer Seele umfing.

(Drei Frauen, Arbeiterin, Lehrerin, Studentin.)

Die Lehrerin:

Wir folgen gerne deinem Rufe,
Wir folgen auch den eignen Herzen,
Die heute dir in Trauer schlagen
In Trauer und in Abschiedsschmerzen.

Du hast ins Leben uns gerufen,
Du hast in Liebe uns behütet,
Hast uns mit starkem Arm verteidigt,

Ob auch der Sturm um uns gewütet.

Die Schwestern haben uns gesendet,
Dir Dank und nochmals Dank zu sagen.
Was du uns warst, ist unvergessen
Bis zu den fernsten, späten Tagen.

Die Arbeiterin:

Die Fabrik, darinnen es surrt und singt,
Das Rad der Maschine sausend schwingt
Von früh bis abends ohne Rast,
Ist die Stätte, die mir du bereitet hast.
Du gabst mir Kraft und gabst mir Brot,
Hast mich gerettet aus Elend und Not,
Aus Schande und allen Fährlichkeiten,
Die Jugend und Armut mir mußten bereiten.
Die alte Mutter konnte ich pflegen,
In Frieden sie in die Erde legen,
Den Bruder konnt' ich erzieh'n und versorgen,
Wir brauchten nicht betteln, wir brauchten nicht borgen,
In Schande nicht vor den Menschen geh'n
Und können in Ehren vor Gott besteh'n! –

Die Lehrerin:

Den Kindern weihte ich mein Leben
Und suchte aus ihrer Seele zu heben
Das Gute, das drin als Samenkorn schlief.
Ach, oft lag solch' ein Körnlein gar t i e f ,
Und schwer nur wollte es gelingen,
Es ans Sonnenlicht und zur Blüte zu bringen.

Doch war mir auch mein Amt oft schwer,
Die Seele recht voll – und die Köpfe so leer,
Du gabst mir Liebe ins Herz und Mut
Und vertrautest mir auch manch' schönes Gut,
Das herrliche, goldne Früchte trug,
Wenn ich es bestellt mit der Liebe Pflug.

Die Studentin:

Ich bin noch ein Neuling in vielen Dingen,
Mich geruhtest du erst hervorzubringen,
Als grau du schon und hochbetagt.
Ich bin dein letztes Kind, das seh' ich,
Doch trotzdem bin ich ganz lebensfähig,
Und mein Wahlspruch lautet: „Frisch gewagt!"

Geleistet hab' ich bis heut' noch nichts,
Allein das kommt noch! –
(Die Schwurfinger erhebend.) Ein W e i b verspricht's!

  Jedenfalls dank ich dir aber sehr
Für das schöne, fidele Leben!
Hei! Das wird eine Gaudi geben,
Wenn der Studentinnen wachsendes Heer
Jetzt die Hörsäle füllen wird!
Wenn sich ein M a n n mal zu uns verirrt,
(Oft wird's ja keineswegs passieren,
Da diese zumeist in der Kneipe studieren)
Nun, so wollen wir gnädig ihn d u l d e n .
Wir wissen, was wir dem „Schwächeren" schulden
Und wir geben einem jeden sein Recht,
Auch dem a b g e s e t z t e n „ s t a r k e n " Geschlecht.

Das alte Jahrhundert:

  Du Wildling, nun aber halte mal still!
Zum Glück naht die junge Herrscherin bald.
Für dich gehören strammere Zügel,
Für dich sind meine Hände zu alt.
    (Pause.)
Hört Ihr nicht Schritte?
      Wer kommt? Wer ist's?

Studentin:

  Eine weiße Frau im Rosenkranze.

Lehrerin:

  Im langen Schleier!

Arbeiterin:

  Mit goldnem Stern!

Das neue Jahrhundert:
(Tritt auf, die Hand ausstreckend.)

  Gott grüß Euch! (Pause.)
Seht Ihr mich nicht gern?

Das alte Jahrhundert:

Ach, ich glaubte Dich noch so fern!

Das neue Jahrhundert:

Reich mir die Hand!
Laß mich sie drücken,
Die Millionen durft beglücken,
Die dankend Deinen Thron umstehen,
Indes ich heut' erst muß beginnen,
Lieb' und Vertrauen zu gewinnen
Und Samenkörnlein auszusäen.

Das alte Jahrhundert:

Wie klingt so gut, so hold Dein Gruß!
Wenn ich schon heute scheiden muß,
So freut's mich, Dir in's Aug' zu schauen,
Dir, der ich nun muß anvertrauen
Mein Lebenswerk: Das Glück der Frauen!

Das neue Jahrhundert:

Leg' es getrost in meine Hände!
Schau, ich gelob' es feierlich:
Ich führ's mit Gott zum guten Ende!

Das alte Jahrhundert:

Du willst's? – O habe heißen Dank!
Der Himmel geb' Dir Kraft und Stärke.

Das neue Jahrhundert:

Komm, unterweise mich im Werke!
Stell mir die Lieben alle vor,
Die sorgend sich Dein Herz erkor.

Das alte Jahrhundert:

Du siehst sie hier: D i e   d e u t s c h e n   F r a u e n !
O, könnt' ich in die Zukunft schauen
Und ihr Geschick im Spiegel lesen!

Die Frauen:

Ach ja! Sei gut! – Laß Dich erweichen!
Sag' uns: Was werden wir erreichen?

Das neue Jahrhundert:

Es ist den staubgebornen Wesen
Einmal verwehrt, vorher zu wissen
Das Schicksal ihrer künft'gen Tage;
Doch ist an der Jahrhundertwende
Euch freigegeben eine Frage.

Die Arbeiterin:

So bitt' ich herzlich Dich: O sage,
Was darf mein Stand von Dir erhoffen?

Das neue Jahrhundert:

Du wirst durch Deiner Hände Fleiß
Und durch rechtschaffnen, braven Sinn
Dein Glück Dir fest und fester gründen.
Dein Wohlstand wird sich sichtlich mehren
Wenn mit V e r n u n f t im Haus Du waltest,
G e n ü g s a m stets und s p a r s a m schaltest.
Doch wenn Du Deinen Stand m i ß a c h t e s t,
Die R e i c h e n n a c h z u a h m e n trachtest
In Kleidung und in Lebenshaltung,
Dann wird Zufriedenheit Dir schwinden,
Die Lust zur Arbeit wird Dich fliehen,
Im Schlamme, dem wir Dich entrissen,
Wird man zuletzt Dich wieder finden.

Drum hüte Dein bescheiden Glück,
Den Lohn für Deine fleiß'gen Hände;
Nicht nach dem falschen Schimmer wende
Begehrlich den bethörten Blick!

Die Lehrerin:

Und ich? Was wirst Du mir verkünden?

Das neue Jahrhundert:

Du steigst noch weiter. – Denn erziehen
Sollst D u a l l e i n die künft'gen Frauen,
Der M a n n mag für den Jüngling taugen,
Das Mädchen wird man D i r vertrauen.
Den Kleinen sei Beschützerin,
Den Großen sei Beraterin
Mit warmem, mütterlichen Sinn!
Dort liegt Dein Glück und Dein Gewinn!

Die Studentin:

Und ich? Verzeih! – Mir sagst Du nichts?
Soll denn aus mir so gar nichts werden?

Das neue Jahrhundert:

Du? – Aber selbstverständlich, Kleine!
Dich stell' ja ich erst auf die Beine.
Sag: Was studierst Du denn?

Studentin:

Ich?
(Mit großem Nachdruck) **Jus!**

Das neue Jahrhundert: (wie oben)

Du wirst R e c t o r m a g n i f i c u s !

Studentin:

Potz Blitz! Ein solches großes Tier?
Das ist gescheit! – Das lob' ich mir!

Das alte Jahrhundert:

Nun laß auch mich noch Eines fragen.
Sieh: Kummer macht es mir fürwahr,
Daß F r a u e n s t r e b e n scheinbar l ö s e t
Das Weib vom Manne ganz und gar,
In Deutschland wenigstens. – O sage:
Sind denn die Männer so beschränkt,
Daß sie zur Gattin nur erwählen
Ein Wesen, das nicht strebt noch denkt?
Das nie das Wörtlein „Pflicht" begriffen,

Nicht weiß, was rechte Arbeit heißt,
Das nie kann teilen ernstes Streben
Und nie erfaßt den Weltengeist?
Das nimmer Kinder wird erziehen,
Wie's einer Mutter Recht und Pflicht?
Die Söhne werden ihr entwachsen,
Denn sie versteht das Leben nicht.
Die Töchter werden, ihr entfremdet,
Verständnis suchen in dem Kreis,
Der, wißbegierig, oft das Gute
Vom Gifte nicht zu trennen weiß.

Und s o l c h e r Frau sind nur beschieden
Die Schätze von erles'nem Wert,
Indes die andre, die B e r u f ' n e ,
Des höchsten Glückes Trost entbehrt?

Das neue Jahrhundert:

Nein, nimmermehr! – in künft'gen Tagen
Wird andrer Geist die Welt durchzieh'n
Und unter meiner Herrschaft Zeichen
Der w a h r e n F r a u das Glück erblüh'n.
Laß nur zu Männern erst erwachsen,
Die heut noch frische Knaben sind,
Doch durch Erziehung und Belehrung
Vom Zeitgeist schon durchdrungen sind.
Die heute eine edle Mutter
Ihr Eigen nennen, froh und stolz,
Sie wählen, ist die Zeit gekommen,
Die Gattin sich aus gleichem Holz.
V e r t i e f t , v e r e d e l t , – n i c h t z e r r i s s e n
Wird dann der Bund der Liebe sein;
Die Ehrfurcht vor der Frauen S e e l e
Wird ihn zu einem Tempel weih'n.

Das alte Jahrhundert:

O habe Dank! – So nimm die Meinen,
Ich leg' sie Dir ans treue Herz!
Halt' schützend sie in starken Armen
Und führ' sie stetig höhenwärts.

Nimm hin der Herrschaft goldnes Zeichen,
Vertrauend übergeb' ich's Dir!
(überreicht das Scepter.)

Das neue Jahrhundert:

Ich wahr' es treu und schreib beharrlich
Der F r a u e n W o h l auf mein Panier!